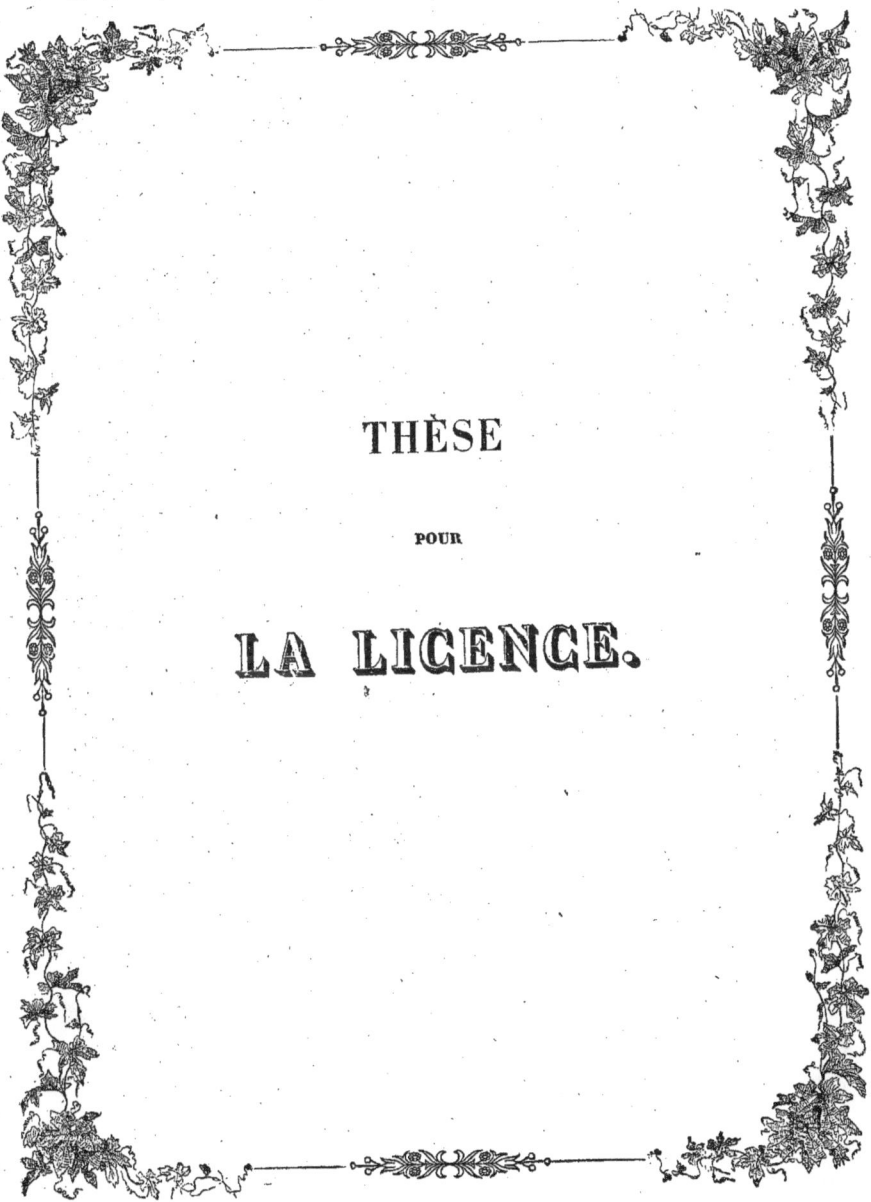

THÈSE

POUR

LA LICENCE.

A mon Père et à ma Mère.

———◦◦◦———

A mon Frère.

———◦◦◦———

A mes Parents.

———◦◦◦———

A tous ceux que j'aime.

———◦◦◦———

1846

FACULTÉ DE DROIT DE TOULOUSE.

ACTE PUBLIC

POUR LA LICENCE,

En exécution de l'art. 4 , tit. 2 , de la loi du 22 Ventôse an XII ,

SOUTENU

Par M. Ferron (J.-Marcellin),

NÉ A MASSAT (ARIÉGE).

Jus Romanum.

INSTIT., LIB. III, TIT. XXI.

De litterarum obligatione.

Obligatio est juris vinculum, quo necessitate adstringimur, alicujus rei solvendæ secundùm nostræ civitatis jura (Inst. liv. 3, tit. XIV.

Ipsâ obligationum virtute jus quoddam verè certum, aut rem quamdam habere non permittitur; ad id solùm spectant ut inter aliquos juris tanquam vincula instituant. Substantia earum non existit in rebus ipsis quæ sunt tradendæ, at in actione dandi, agendi, vel perhibendi ad quam impelli potest debitor. Quod his verbis exponit.Paulus : « *Obligationum substantia non in eo consistit ut aliquod corpus nostrum, aut servitutem nostram faciat; sed ut alium nobis obstringat ad dandum aliquid, vel faciendum, vel præstandum.* » Si quis verò negantem alium se obligatum esse, ad obligationem observandam vult redigere, hâc utetur actione quæ apud Tribonianum nominatur « *Jus persequendi in judicio quod sibi debetur.* » *Inst. lib. 4 , tit. VI.*

Primùm quidem omnibus quibuscumque obligationibus actio non effe-
rebatur; ea solùm illis tribuebatur quæ ex instituto quodam modo aut in
occasionibus jure civili designatis contrahebantur. Quam difficultatem mi-
nuerant prætores alia obligationum genera indicendo. Postremò obligationes
quibus fundamentum erat æquitas et quas jus gentium sanxerat, maximi
momenti effectus habuerunt, et naturales dictæ sunt. Idcircò è divisione
quam maximè extensâ videntur nobis, *civiles obligationes, prætoriæ vel
honorariæ obligationes, et naturales obligationes.*

Aliam tamen divisionem cui ratio est obligationum causa Institutiones
admittunt, scilicet : *« Obligationes aut ex contractu nascuntur, aut quasi ex
contractu, aut ex maleficio, aut quasi ex maleficio. »*

Contractus est conventum cui inest vis obligandi et quo actio quædam
confertur. Conventa verò quæcumque non efficiunt contractus; pacta no-
minantur ea quæ jure civili non sunt obligatoria.

Romani quum fines extenderunt et cives ob commercium magìs ac
magìs convenerunt, permulta in re de quâ dicimus mutavêre. Primò quidem omnia vel traditione aut verbo fiebant; scriptura deindè alias obligationes producit, brevique complures solo utriusque partis consensu
nascuntur. Harum quatuor sunt genera; aut enim *re* contrahitur obligatio,
aut *verbis*, aut *litteris*, aut *consensu*. Inst. Gaii.

De litterarum obligationibus nobis disserere datum est.

Litterarum obligatio est contractus juris civilis, qui præter consensum
scripturæ solemnitatem desiderat.

Obligationem quæ litteris fiebat in secundâ tantùm periodo usitatam
reperimus, nec eadem quæ primùm semper exstitit. Romani ipsi jurisconsulti de hâc re tam obscurâ multùm inter se sententiâ differunt.

Cum scripturâ usi sunt Romani, pater quisque familiâs librum quemdam
habuit in quem empta vel expensa singula referebat; hi autem libri tabulæ
vel codices dicebantur, et plurimùm fidei et auctoritatis coram judicibus
illis inerat. Quò majore diligentiâ tabulæ conficerentur, observationes
primùm alio codice quem *adversaria* nominaverunt cives inscribebant.
Quorum auctoritas non eadem semper videbatur; argumenta erant proba-
tiones et factorum solummodò memoriam servabant; testabantur unicè de
obligatione contractâ. Sed si inter aliquos conveniret, si communi consensu latio in ccdicem fieret, si alius nomen alterius jubentis per solemnia

verba inscriberet, tunc civilis obligatio nascebatur, et latio ista *nomen propter excellentiam* dicta fuit. Ex illâ inscriptione in codice domestico oriebatur contractus quem dicebant litteralem.

Nulla verba partes pronunciare necesse erat; Gaïus enim: *Sed absenti,* ait, *expensum ferri potest, etsi verbis obligatio cum absente contrahi non possit.* Creditori inscriptionem illam facere licebat sine teste ac prout sibi placeret.

In obligatione litteris scripturam ab utrâque parte necessariam non censemus, neque eam omissam in tabulis emptoris vel venditoris contractum vitiare. Debitor quidem in codicem suum illud acceptum referre debebat, quod idem creditor expensum inscribere jussus erat; sed si prior omitteret, non extinguebatur obligationis auctoritas. Illa enim è duobus præsertìm constare nos existimamus, scilicet è nomine relato in tabulas creditoris et è consensu quem daret debitor huic inscriptioni.

Imperante Justiniano, codex jam non in usu fuit: *Quæ nomina,* ait, *hodiè non sunt in usu.* Inst., lib. 3, tit. XXI.

Imperator ille in Institutionibus quatuor contractuum genera agnoscit, dùm in Pandectis veteres jurisconsulti et ipse Gaïus de obligatione litterarum minimè mentionem faciunt. Unam scripturam memorat Justinianus quæ, etsi omninò dissimilis existat pristinornm nominum, esset causa, ex suo arbitrio, cur obligatio contraheretur; veluti: Si quis, ait, se debere scripserit quod ei numeratum non est, abest contractus; attamen cùm solvendi necessitas è scripto sit manifesta, hujusce scripti restitutio potest ab adversario repeti, negantique quod postulat recusari. Tempus verò aderit, quo neque de scripturæ auctoritate contendere, neque nihil acceptum proferre licebit. Hoc tempus quod primùm ad quinquennium procedebat, posteà ultrà biennii metas non fuit extensum.

Censeri non debetur litteris obligationem è solo scripturæ facto provenire. Nunquàm eâ unâ nitetur aliquis debitum reposcendo; nempè falsus creditor et ipse agit referendo mutuum et sustinet se repetere quod dederit. Non scripturâ igitur valet obligatio, quâ tantummodò probatur.

Actio, quæ proficiscitur è contractu litteris, dicitur certi condictio.

Code Civil.

LIV. I, TIT. VIII.

De l'Adoption et de la Tutelle officieuse.

L'adoption est une institution fondée sur l'imitation de la nature. Son but est de resserrer les liens qui unissent les citoyens, en faisant naître, parmi eux, des rapports fictifs de paternité et de filiation ; elle fournit un appui à la vieillesse, un protecteur à l'orphelin, remplit le vide que laisse dans les familles la stérilité des mariages, perpétue leur nom, rend le célibat plus supportable aux individus que leurs goûts ou leur position ont éloignés du mariage, et établit de doux rapports entre deux êtres jusque-là étrangers l'un à l'autre, en donnant à la bienfaisance toute l'étendue de l'amour paternel et à la reconnaissance tout le charme de l'amour filial. Elle tend enfin à préparer à l'État des citoyens utiles, instruits et capables : aussi a-t-elle trouvé place dans les institutions de toutes les nations civilisées.

L'adoption est à la fois morale et politique : morale, car elle ouvre une nouvelle source de relations et de bienfaits entre les hommes ; ceux qui n'ont ni enfants, ni espoir d'en obtenir, choisiront de leur vivant et pour leur vieillesse un soutien dans cette classe nombreuse d'enfants peu fortunés, qui, à leur tour, payeront d'une éternelle reconnaissance les bienfaits de leur éducation : politique, car elle forme un nouveau lien entre les classes que l'inégalité des fortunes tend à séparer, et assure à l'État un concours intelligent. Elle repose sur un lien fictif, mais n'est pourtant pas étrangère aux principes du droit naturel. N'est-elle pas en effet une émanation de la charité entendue dans son sens le plus large ? N'a-t-elle pas sa source dans un sentiment de bienfaisance ? Les Romains considérèrent l'adoption comme une consolation offerte à ceux dont le mariage avait été stérile, ou qui avaient eu la douleur de perdre les enfants que la nature leur avait donnés. Son but était, selon le jurisconsulte Heineccius, *propter orbitatem et ad molliendum naturæ defectum vel infortunium.*

L'adoption se classe parmi les institutions des Hébreux, des Grecs, notamment des Athéniens. Elle était principalement destinée, chez ces peuples, à favoriser la perpétuité des races. A Rome, le but de consoler l'infortune, d'offrir une consolation à ceux à qui la nature avait refusé des enfants, vint se joindre au besoin de prévenir l'extinction des races. On voit dans l'histoire de ce peuple plus d'une famille puissante, près de s'éteindre faute d'enfants, être ravivée par une adoption. Jules César adopta Auguste, qui, à son tour, adopta Tibère. L'adoption chez les Romains opérait, dès le principe, une mutation complète de famille. Toute la puissance paternelle de celui qui donnait en adoption devait s'éteindre en lui et se transmettre au chef qui adoptait. Justinien la modifia dans sa forme et dans ses effets, en distinguant l'adoption faite par l'ascendant, de celle faite par un étranger. Tels étaient les principes généraux qui dominaient la matière à Rome.

L'adoption est une institution nouvelle en France. Ignorée sous l'ancien régime, elle était étrangère à nos lois, à nos mœurs et à nos habitudes. On voit bien ce nom retracé dans d'anciennes coutumes, mais on n'y voit point établis ou consacrés ces rapports de paternité et de filiation dont le mot d'adoption réveille en nous l'idée. Elle fut introduite chez nous en 1792. L'Assemblée constituante décréta le principe de l'adoption ; mais exclusivement occupée d'innover, elle n'en détermina ni la forme ni les effets. L'on pouvait adopter soit par acte notarié, soit devant le juge de paix, ou bien encore par acte sous seing privé. Lors de la rédaction du Code civil, les principes proclamés dans le projet de loi sur l'adoption, ne furent pas accueillis sans opposition. Des intelligences calmes et réfléchies craignaient que cette institution ne s'harmonisât difficilement avec nos mœurs. Le sort des familles les préoccupaient vivement, et ils se demandaient ce qu'elles deviendraient, si, indépendamment de la légitimation par mariage subséquent, on pouvait par l'adoption élever l'enfant naturel au rang d'enfant légitime. L'on parut bien tout d'abord vouloir admettre l'adoption de l'enfant naturel et la consacrer comme un moyen de réhabiliter l'enfant naturel reconnu ou non reconnu ; mais, bientôt après, l'adoption ne fut plus considérée sous ce point de vue. On la regarda désormais comme le prix de services signalés et un encouragement aux belles et généreuses actions, ou comme la récompense des vues bienfaisantes de celui qui a donné des soins paternels à l'adopté durant sa minorité.

Conditions substantielles de la validité de l'Adoption.

Considérons maintenant les conditions de la validité intrinsèque et extrinsèque de l'adoption. Cette institution, avons-nous dit, a pour but de remplacer la postérité légitime : s'ensuit-il qu'on ne doive en laisser jouir que les conjoints dont l'union est stérile ? le principe serait trop rigoureux. Les adversaires du projet de loi craignaient que l'adoption n'éloignât des individus du mariage, par l'espoir de goûter les douceurs de la paternité, sans être assujettis aux charges d'une union légitime. La nature garantit assez d'elle-même la préférence du mariage sur l'adoption. D'ailleurs, cette raison ne pouvait faire proscrire une institution qui présente de si grands avantages ; aussi la loi a-t-elle paré à cet inconvénient, en ne permettant l'adoption qu'à l'âge où la nature n'invite plus les hommes au mariage, et auquel cette union tardive et ordinairement stérile, n'aurait que peu d'intérêt pour la société. L'adoption manquerait évidemment son but si elle devait nuire au mariage ; mais ses droits ne seront-ils pas suffisamment respectés, quand la faculté d'adopter ne sera accordée qu'aux personnes âgées de plus de cinquante ans ? Arrivés à cet âge, les époux ne peuvent plus espérer que leur union, stérile jusque-là, cessera de l'être. Y a-t-il danger à l'accorder aux célibataires ? Décider l'affirmative serait méconnaître les impulsions de la nature. L'on a comparé les sentiments de la paternité adoptive à ceux de la paternité naturelle, et on semblait craindre que la facilité de se procurer les premiers ne détournât du soin de rechercher les autres. Vaine crainte ! L'adoption est l'image de la nature ; mais combien cette image est faible ! qu'il y a loin, dans le cœur de l'homme, de l'enfant de son sang à celui de son choix !

Quelle sera l'idée fondamentale qui servira de base à l'adoption ? La reconnaissance pour d'importants services sera le lien de l'adoption et le germe de la tutelle officieuse. Il est d'éclatants services et de grands témoignages de dévouement qui excitent en nous une reconnaissance trop vive pour vouloir les assujettir à de nombreuses formalités et à de longs délais : aussi l'adoption faite en faveur de celui qui vient de vous sauver la vie est-elle affranchie des prescriptions de temps imposées pour toute autre adoption. On la désigne sous le nom d'adoption rémunératoire.

Le principe romain, *adoptio naturam imitatur*, consacré en partie dans l'économie de la loi, amène d'autres résultats et entraîne des prescriptions nombreuses. Ainsi, la fiction ne pourrait emprunter les caractères de la réalité, s'il n'existait entre l'adoptant et l'adopté les mêmes rapports d'âge qui existent entre le père et le fils, si l'un n'était plus âgé que l'autre, si enfin, admettant pour l'adoption les conséquences des rapports de père à fils, l'on ne plaçait l'autorité et la volonté d'un côté, l'obéissance et le respect de l'autre. L'adoption étant un contrat, l'on doit de plus exiger le consentement réfléchi des parties; et pourrait-on reconnaître une autorité suffisante à ce consentement, si l'adopté n'était majeur ? Telles sont les idées principales qui ont présidé à la rédaction de la loi. Explorons maintenant les textes.

De la cause. — Le but de l'adoption peut se résumer dans ce seul mot : reconnaissance. L'art. 345 détermine deux causes différentes d'adoption, 1.° les soins non interrompus pendant la minorité, et 2.° le dévouement de l'adopté qui a sauvé la vie à l'adoptant; le but de cette disposition est d'assurer que celui qui réclame le nom de père en a déjà les sentiments; leur preuve ne peut résulter que des secours et des soins non interrompus accordés pendant la minorité.

De la capacité. — Pour rester fidèle au principe de l'adoption, la loi devait exiger une différence d'âge entre l'adoptant et l'adopté. L'un étant protecteur, l'autre protégé, l'un devant exercer une autorité à laquelle l'autre devait se soumettre, cette supériorité d'âge était indispensable. Il importait, d'ailleurs, de ne permettre l'adoption qu'à ceux qui étaient parvenus à l'âge où il était à présumer qu'ils n'auraient pas de postérité, afin de ne point favoriser la paresse et la licence; aussi l'art. 343 exige-t-il que l'adoptant soit âgé de plus de cinquante ans, et qu'il ait au moins quinze ans de plus que l'adopté. Cette règle souffre toutefois exception dans les cas prévus dans la deuxième partie de l'art. 345 : « Il suffira, dans ce dernier cas *(adoption rémunératoire)* que l'adoptant soit majeur, plus

3

âgé que l'adopté, sans enfants ni descendants légitimes; et s'il est marié, que son conjoint consente à l'adoption. » L'adoptant ne doit avoir ni enfants ni descendants légitimes; ce serait méconnaître l'esprit de la loi que d'autoriser le père à partager avec des étrangers une affection qu'il doit tout entière à ses enfants. Enfin, nul époux ne peut adopter qu'avec le consentement de l'autre conjoint, art. 344. Cette disposition est dans l'ordre des convenances et des égards que se doivent deux époux.

Ainsi, en général, cinquante ans chez l'adoptant, majorité chez l'adopté, différence de quinze ans, consentement du conjoint, et, dans le cas de l'adoption rémunératoire, majorité de l'adopté et supériorité d'âge de l'adoptant : telles sont les règles pour la capacité d'âge. Cette capacité doit exister au moment où le contrat se forme.

La même personne peut-elle avoir plusieurs enfants adoptifs?

Le même individu pourrait-il adopter deux époux?

Occupons-nous des conditions que l'on peut appeler conditions d'ordre public. Il résulte des art. 343 et 345, que l'adoptant ne doit pas avoir de postérité légitime. L'existence d'un descendant légitime, quel que soit d'ailleurs son degré, est un obstacle à l'adoption. La loi ne parle que de la postérité légitime; d'où il suit que la postérité naturelle ne saurait être un obstacle à l'adoption; aussi le père d'un enfant naturel, même reconnu, peut-il adopter.

Ici se présente une difficulté : celui qui se propose d'adopter a un enfant légitime, disparu depuis longtemps et dont il n'a jamais eu de nouvelles; pourra-t-il adopter?

Autre cas : Le père d'un enfant légitime mort civilement peut-il adopter? Les docteurs sont divisés sur cette question. Les uns, se fondant sur le droit de grâce du souverain et sur la possibilité d'une amnistie, se refusent à lui reconnaître ce droit. Les autres, prenant en considération l'intérêt de la famille qui va s'éteindre, la position du père privé désormais de tout soutien, et le bien-être de celui que l'adoption va placer dans une condition meilleure, proclament la validité d'une adoption. Cette dernière doctrine nous semble préférable.

Il est des incapacités qui dérivent du droit commun; ainsi la mort civile, tant à l'égard de l'adoptant qu'à l'égard de l'adopté, est un empêchement à l'adoption. La faculté d'adopter, conférée par la loi, ne saurait survivre à une condamnation qui emporte mort civile. Le bénéfice le plus considérable de l'adoption étant le droit de succéder, ce droit, d'après l'art. 25 C. c., ne peut être exercé par le mort civilement; aussi pensons-nous que la faculté d'adopter s'éteint par la mort civile.

Nous refuserons également au prêtre la faculté d'adopter. Nous n'ignorons pas qu'il existe un arrêt contraire; mais nous n'en persistons pas moins dans notre opinion, persuadé qu'autoriser le prêtre à se créer une famille, serait entraîner de dangereux abus, et lui rendre difficile l'accomplissement de ses devoirs. Au surplus, l'autorité ecclésiastique s'est prononcée contre l'adoption.

Que décider relativement à l'adoption faite par un étranger?

Abordons maintenant une question difficile, délicate, diversement résolue par les jurisconsultes, et sur laquelle la jurisprudence a longtemps flotté incertaine; nous voulons parler de l'adoption de l'enfant naturel. Disons-le tout d'abord; nous croyons qu'une incapacité frappe l'enfant naturel quant à sa faculté passive de l'adoption, et nous déclarons cette incapacité d'ordre public. Elle ne frappe pas l'enfant naturel non reconnu; c'est là un principe généralement admis. Il est à craindre, il est vrai, que le père ne reconnaisse pas son enfant à dessein, pour pouvoir l'adopter; mais la filiation n'étant point constatée, l'adoption n'offre pas de scandale.

L'enfant naturel reconnu ne peut être adopté. Reconnaître l'enfant naturel, c'est avouer sa paternité, et prétendre le légitimer par l'adoption, serait vouloir créer un moyen nouveau de légitimation, lorsque la loi n'en reconnaît qu'un seul, le mariage subséquent. A côté de ce mode de légitimation, les Romains avaient aussi admis la légitimation par bénéfice du prince. Chez nous, l'ancienne jurisprudence conserva le mode de légitimation par mariage subséquent, et rejeta celui par bénéfice du prince. Les rédacteurs du Code civil l'ont imitée; et vouloir aujourd'hui permettre l'adoption de l'enfant naturel, ne serait-ce pas rétablir un second mode de légitimation? Quel but d'ailleurs se propose-t-on en adoptant un enfant naturel reconnu? Veut-on lui assurer des aliments, pour ensuite en obtenir de lui? Mais par le fait de la reconnaissance, l'obligation existe, et elle est de plus réciproque. Est-ce pour lui donner un nom? mais il le porte dès l'instant où il est reconnu, la reconnaissance le lui confère. Voudrait-on lui attribuer des droits plus étendus à la succession ? Ce serait méconnaître la volonté de la loi, qui a réglé les droits des enfants naturels d'une manière fixe et invariable. L'art. 908 porte, en effet, que les enfants naturels ne pourront, par donation entre-vifs ou par testament, rien recevoir au delà de ce qui leur est accordé au titre des successions. Enfin, vouloir ajouter un lien purement fictif au lien du sang répugnerait et serait contraire au principe *adoptio naturam imitatur*. Les partisans de l'adoption de l'enfant naturel puisent de nombreux arguments, et s'appuient sur les discussions qui eurent lieu lors de la confection de la loi. Un article prohibitif fut présenté, la discussion s'engagea, et le premier Consul y prit une large part. Il ne pouvait concevoir cette prohibition, qu'il ne repoussait peut-être que comme un obstacle à des projets ultérieurs. Cette adoption pouvait lui être utile un jour, et qui sait s'il n'était pas dans sa pensée de remplacer par des enfants naturels adoptés, la postérité légitime qui lui faisait défaut. Toujours est-il qu'on se décida alors à ne pas introduire, à cet égard, de dispositions dans la loi, et l'article fut rejeté. Mais bientôt la discussion fut reprise, les opinions se prononcèrent contre l'adoption des enfants naturels, et il ne fut plus question de l'admettre. Constatons, en terminant, que la jurisprudence, après avoir longtemps tergiversé, est enfin revenue aux opinions fondées sur la morale, et que la Cour suprême a enfin reconnu son erreur en proscrivant l'adoption de l'enfant naturel au nom de la morale et de la loi.

Il est un autre empêchement basé sur l'inconduite et l'immoralité de celui qui veut adopter, et résultant de l'art. 355 qui dispose : « Le tribunal réuni en la chambre du conseil, et après s'être procuré les renseignements convenables, vérifiera, 1.° si toutes les conditions de la loi sont remplies ; 2.° si la personne qui se propose d'adopter, jouit d'une bonne réputation. » Sage disposition, qui fait de l'adoption le prix et le partage exclusif de la probité. La sollicitude de la loi devait être éveillée : n'est-il pas, en effet, nécessaire que l'homme qui prend un enfant sous sa protection, soit vertueux, et commande le respect à l'enfant par sa morale et la vue de son exemple ?

Il est d'autres conditions de validité puisées dans l'essence même du contrat. L'adoption participe de la nature du contrat ; aussi l'erreur, la violence et le dol seraient-ils des causes d'invalidité.

L'importance de ce contrat est trop grande pour qu'elle ne nécessite pas le consentement des parties; mais comme les contractants ne sont pas les seuls intéressés à son accomplissement , d'autres consentements sont exigés. L'art. 346 porte , en effet : « L'adoption ne pourra , en aucun cas , avoir lieu avant la majorité de l'adopté ; si l'adopté , ayant encore ses père et mère ou l'un d'eux, n'a point accompli sa vingt-cinquième année, il sera tenu de rapporter le consentement donné à l'adoption par ses père et mère ou par le survivant , et s'il est majeur de vingt-cinq ans , de requérir leur conseil. » C'est la même règle que celle établie pour le mariage. L'adoption intéresse d'assez près la famille naturelle de l'adopté , pour qu'il ne puisse rien faire avant vingt-cinq ans sans le consentement des père et mère. C'est une nouvelle sanction donnée à cette puissance tutélaire , le plus solide fondement des mœurs publiques.

Des formes de l'Adoption.

Nous arrivons maintenant aux formes de l'adoption. Cette institution étant à la fois morale et politique , et ce contrat intéressant la famille et l'Etat, la loi a dû exiger de nombreuses formalités. Nous allons les parcourir successivement.

« La personne qui se propose d'adopter et celle qui voudra être adoptée , se présenteront devant le juge de paix du domicile de l'adoptant, pour y passer acte de leurs consentements respectifs (art. 353). » L'adoptant et l'adopté devront-ils comparaître en personne ? L'adoption ne pourrait-elle pas se faire par consentement écrit, ou bien , les parties ne pourraient-elles pas se faire représenter par un fondé de pouvoir ? Nous ne pensons pas , malgré l'opinion contraire de M. Merlin, que l'adoption , acte constitutif de droits de famille , puisse avoir lieu par mandataire ou par écrit ; pour un acte aussi important, nous exigerons la présence de l'adopté et de l'adoptant.

« Une expédition de l'acte sera remise, dans les dix jours suivants , par la partie la plus diligente , au procureur du roi près le tribunal de première instance dans le ressort duquel se trouvera le domicile de l'adoptant, pour être soumis à l'homologation de ce tribunal (art. 354). »

« Le tribunal réuni en la chambre du conseil , et après s'être pro-

4

curé des renseignements convenables , vérifiera , 1.º si toutes les
conditions de la loi sont remplies ; 2.º si la personne qui se propose
d'adopter jouit d'une bonne réputation (art. 355). » La loi voulant éviter
par une publication prématurée, de ternir la réputation de l'adoptant ,
a voulu que la décision du tribunal ne fût ni motivée ni prononcée à
l'audience. L'art. 356 porte, en effet : « Après avoir entendu le procureur du roi , et sans aucune autre forme de procédure , le tribunal
prononcera , sans énoncer des motifs , en ces termes : il y a lieu ou il
n'y a pas lieu à l'adoption. » Le législateur proscrit toute forme de procédure : quels seront donc les moyens dont disposera le tribunal pour
vérifier l'existence des conditions prescrites ? Lorsqu'il s'agira de rechercher les conditions exigées par la loi , le tribunal en demandera la justi-
fication et suspendra toute décision jusqu'à la production de pièces
nécessaires ; ainsi l'extrait de l'acte de naissance qui doit prouver la
majorité de l'adopté et faire connaître l'âge de l'adoptant. Mais s'il s'agissait
de prendre des informations sur la moralité de l'adoptant, le tribunal ne
pourrait ordonner une enquête. Pour être à même d'apprécier la moralité de l'adoptant , le procureur du roi devrait , par ses rapports officieux , s'efforcer d'obtenir les renseignements nécessaires, et s'ils étaient
insuffisants , si surtout le tribunal , mal éclairé , concevait de graves
soupçons , nous préférerions encore mieux le voir rejeter l'adoption ,
que de le voir en opposition avec la loi.

« Dans le mois qui suivra le jugement du tribunal de première instance, ce jugement sera , sur les poursuites de la partie la plus diligente , soumis à la Cour royale , qui instruira dans les mêmes formes
que le tribunal de première instance , et prononcera sans énoncer de
motifs : le jugement est confirmé ou le jugement est réformé ; en conséquence, il y a lieu ou il n'y a pas lieu à l'adoption (art. 357). »

« Tout arrêt de la Cour royale qui admettra une adoption , sera prononcé à l'audience, et affiché en tels lieux et en tel nombre d'exemplai-
res que le tribunal le jugera convenable (art. 358). » La société ne doit
point ignorer le changement survenu dans l'état d'un de ses membres.
Cette publicité est au surplus nécessitée par l'importance de l'acte d'adoption. Il faut que les droits de famille établis par l'adoption , soient
rendus publics et portés à la connaissance des parties intéressées. Comme

c'est un acte constitutif de famille, la loi exige l'inscription sur les registres des actes de l'état civil. « Dans les trois mois qui suivront l'arrêt de la Cour royale, l'adoption sera inscrite, à la réquisition de l'une ou de l'autre des parties, sur le registre de l'état civil du lieu où l'adoptant sera domicilié. « Cette inscription n'aura lieu que sur le vu d'une expédition en forme de l'arrêt de la Cour royale, et l'adoption restera sans effet, si elle n'a été inscrite dans ce délai (art. 359). »

« Si l'adoptant venait à mourir après que l'acte constatant la volonté de former le contrat d'adoption a été reçu par le juge de paix et porté devant les tribunaux, et avant que ceux-ci eussent définitivement prononcé, l'instruction sera continuée et l'adoption admise, s'il y a lieu. Les héritiers de l'adoptant pourront, s'ils croient l'adoption inadmissible, remettre au procureur du roi tous mémoires et observations à ce sujet (art. 360). »

Telles sont les formalités nécessaires de l'adoption. Des questions importantes surgissent à l'examen des textes que nous venons de parcourir; nous allons en résoudre quelques-unes : les autres feront l'objet de nos développements oraux.

Et d'abord, la déchéance prononcée par l'art. 359, dans le cas de non inscription dans les délais voulus, est-elle radicale ? la nullité est-elle absolue ? La loi à cet égard est formelle, car elle dit que l'adoption restera sans effet, si elle n'a été inscrite dans ce délai. En présence de textes aussi explicites, le doute n'est point permis; aussi déclarons-nous que la nullité est absolue.

Mais devrons-nous décider de même, quant à l'inobservation des délais prescrits par les art. 354 et 357 : si l'acte passé devant le juge de paix n'est pas remis dans les dix jours au tribunal, et si le jugement du tribunal n'est pas déféré dans le mois à la Cour royale, l'adoption sera-t-elle nulle?

A cette question générale s'en rattache une autre. Supposons que le tribunal de première instance ait rejeté l'adoption, ce rejet n'est point définitif, puisque le jugement est soumis à l'appréciation de la Cour qui peut le réformer. Devra-t-on prononcer la déchéance, si l'on n'a pas formé le pourvoi dans le courant du mois?

Lorsque l'adoption a été déjà rejetée, est-il permis de la reproduire?

Pourquoi pas. Mais, dira-t-on, il y a des présomptions en faveur des premiers juges qui n'ont prononcé qu'après un mûr examen ; et puis, l'on invoquera contre nous la maxime *non bis in idem*. Oui, sans doute, nous ne l'ignorons pas, deux décisions ne peuvent exister sur le même objet ; mais est-ce bien ici le cas d'appliquer cet adage ? Evidemment non ; il ne s'agit point d'un débat contradictoire ; le jugement ne contient pas de motif, et il n'y a point de procédure. Ne peut-il donc pas arriver qu'un motif de rejet existant au moment de la demande d'homologation, n'existe plus actuellement ? Nous pensons que la demande d'adoption peut être reproduite.

Relativement à l'autorité et à la force du contrat d'adoption, d'autres questions surgissent. Les deux parties ont contracté devant le juge de paix ; ce contrat est-il irrévocable, de telle sorte que l'une des parties ne puisse le dissoudre sans le concours de l'autre ?

Passons à une autre série de questions. Le droit de former opposition à l'adoption est-il admis ? les parties intéressées à la non adoption peuvent-elles former opposition ou réclamer son annulation ? La loi n'en parle pas, et l'examen de certains textes semblerait autoriser une opinion contraire. L'art. 355 charge en effet le tribunal de vérifier si les conditions exigées par la loi sont remplies ; il n'est nullement question d'opposition ; de plus, le second paragraphe de l'art. 360 prévoit un cas pour lequel des mémoires pourront être présentés au procureur du roi contre l'admissibilité de l'adoption. Le législateur ne prévoit pas d'autres cas, et se borne pour ce dernier à autoriser la présentation de simples mémoires. Doit-on en conclure qu'en dehors des précisions des articles précités, il interdit formellement l'opposition, et qu'il prohibe toute demande en nullité ? Cette opinion est généralement repoussée par la jurisprudence, surtout en ce qui concerne les nullités. En présence des conditions exigées par la loi, doit-on laisser toute liberté à l'adoptant et à l'adopté ? Ils pourraient trop aisément se soustraire à la loi, et échapper, par leurs manœuvres, à la vigilance du magistrat. Et puis, pourquoi soumettre l'adoption à certaines conditions, si les personnes intéressées ne pouvaient avoir le droit de demander la nullité d'une adoption faite au mépris de la loi ? Ce droit ne peut leur être refusé ; aussi l'action en nullité est-elle admise et sanctionnée par la presque généralité des arrêts.

La demande en nullité pouvant être formée, pourrions-nous repousser l'opposition ? Evidemment non : il vaut mieux prévenir le mal que d'avoir à le réparer.

Par qui l'opposition pourra-t-elle être formée? Nous devrons ici suppléer par analogie au silence de la loi. Pour le mariage, les personnes intéressées ont droit d'opposition ; nous déciderons de même relativement à l'adoption. Mais qui considérerons-nous comme intéressés à l'accomplissement ou à la résolution de ce contrat?

En quelle forme doit se faire l'opposition? Selon nous, une simple requête adressée au président du tribunal sera permise, ou bien encore, un acte d'opposition en intervention d'instance. L'opposition étant permise, comment pourrait-on refuser la faculté de la formuler judiciairement ? Sans doute, l'avoué ne pourra pas donner de longs développements à cette procédure; ce serait méconnaître l'esprit de la loi. Mais ne pas permettre un acte judiciaire pour constater l'opposition, ne nous paraît pas possible.

Devant quels juges l'action en nullité devra-t-elle être portée?

Pourrait-on opposer des fins de non-recevoir? Si l'adoption est attaquée pour cause de captation par l'adoptant trompé, l'on pourra lui opposer, comme fin de non-recevoir, son silence, en lui prouvant que la fraude lui était connue depuis longtemps, et qu'il n'en a pas moins environné l'enfant d'égards et d'attentions.

Disons, enfin, qu'il y a pour l'adoption des nullités absolues et des nullités relatives, qui se règlent par des analogies puisées au titre du mariage. Les premières, comme celles résultant de la mort civile et de l'existence d'enfants légitimes, ne peuvent jamais être couvertes; toute fin de non-recevoir contre elle est inadmissible.

Des effets de l'Adoption.

L'on a emprunté à la législation romaine les principaux effets de l'adoption imparfaite; on y a seulement ajouté des droits de famille. Ainsi, l'adopté prend le nom de l'adoptant; des obligations alimentaires réciproques sont imposées aux parties, et l'adopté acquiert des droits de famille. Voyons rapidement les dispositions du Code.

« L'adoption conférera le nom de l'adoptant à l'adopté, en l'ajoutant au nom propre de ce dernier, art. 347. » Si l'adopté est une femme mariée, c'est son nom de fille qu'elle ajoute à celui de l'adoptant.

« L'adopté restera dans sa famille naturelle, et y conservera tous ses droits ; néanmoins le mariage est prohibé : entre l'adoptant, l'adopté et ses descendants ; entre les enfants adoptifs du même individu ; entre l'adopté et les enfants qui pourraient survenir à l'adoptant ; entre l'adopté et le conjoint de l'adoptant, et réciproquement entre l'adoptant et le conjoint de l'adopté, art. 348. » Il ne faut pas que les noms d'époux puissent remplacer ceux de père et de fille, de frère et de sœur. La possibilité de former une union légitime, autorise et appelle toutes les séductions qui peuvent conduire à une liaison criminelle.

« L'obligation naturelle, qui continuera d'exister entre l'adopté et ses père et mère, de se fournir des aliments dans les cas déterminés par la loi, sera considérée comme commune à l'adoptant et à l'adopté, l'un envers l'autre, art. 349. » L'adopté et l'adoptant se doivent des soins réciproques ; l'adoptant y est obligé par une conséquence de ses premiers bienfaits, et l'adopté y est soumis par la reconnaissance qu'il doit à son bienfaiteur. La loi ne parle pas d'autres obligations. Faut-il étendre l'obligation alimentaire aux enfants de l'adopté ? L'affirmative n'est pas douteuse : appelés à profiter de l'adoption, ne doivent-ils pas en supporter les charges ?

« L'adopté n'acquerra aucun droit de successibilité sur les biens des parents de l'adoptant ; mais il aura sur la succession de l'adoptant les mêmes droits que ceux qu'y aurait l'enfant né en mariage, même quand il y aurait d'autres enfants de cette dernière qualité nés depuis l'adoption, art. 350. » Ce droit de successibilité n'a lieu qu'à l'égard de la succession de l'adoptant, et ne s'étend pas à celles des parents de ce dernier.

« Si l'adopté meurt sans descendants légitimes, les choses données par l'adoptant, ou recueillies dans sa succession, et qui existeront en nature lors du décès de l'adopté, retourneront à l'adoptant ou à ses descendants, à la charge de contribuer aux dettes, sans préjudice des droits des tiers. Le surplus des biens de l'adopté appartiendra à ses propres parents ; et ceux-ci excluront toujours, pour les objets même spécifiés au présent article, tous héritiers de l'adoptant autres que ses descendants, art. 351. »

« Si du vivant de l'adoptant, et après le décès de l'adopté, les enfants ou descendants laissés par celui-ci mouraient eux-mêmes sans postérité, l'adoptant succédera aux choses par lui données, comme il est dit en l'article précédent ; mais ce droit sera inhérent à la personne de l'adoptant, et non transmissible à ses héritiers, même en ligne descendante, art. 352. »

Tels sont les développements que nous avions à donner sur l'adoption.

De la Tutelle officieuse.

La tutelle officieuse est aussi une institution nouvelle en France. Elle n'a pu, comme l'adoption, y prendre racine, et a été jusqu'à ce jour d'un usage peu fréquent. Les considérations à l'appui de l'adoption s'élèvent en faveur de la tutelle officieuse, qui n'est qu'un commencement d'adoption. Destinée à la préparer, à ouvrir les voies qui y conduisent, la tutelle est le fait d'un individu âgé de plus de cinquante ans, qui, sans enfants ni descendants légitimes, veut s'en attacher un par un titre légal. L'enfant pourrait bien lui être confié sans tutelle, ni contrat préalable ; mais les parents voudront-ils s'en séparer, sans obtenir une assurance de secours pendant la minorité, et l'exposer à être gardé ou renvoyé, selon la volonté et le caprice de celui qui désire le recueillir ? En pareil cas, un contrat qui aura pour objet d'assurer des secours au mineur, et de le mettre en état de gagner sa vie, sera passé ; et si, trois mois après la majorité du pupille, le tuteur ne l'a pas adopté, le pupille a contre lui, s'il n'est pas en état de gagner sa vie, une action tendant à obtenir une indemnité, art. 361, 364, 369. Lorsque le pupille est majeur, le tuteur officieux peut l'adopter ou non ; mais s'il s'y refuse, il doit s'imputer le tort de l'incapacité où se trouve le pupille, et il est alors tenu de lui assurer des moyens de subsistance, dont la quotité et l'espèce sont réglées amiablement par les représentants du tuteur et du pupille, ou judiciairement en cas de contestation.

La forme en est simple ; c'est le juge de paix du domicile de l'enfant qui dresse procès-verbal des demandes et consentements relatifs à la tutelle officieuse, art. 363.

Les effets de cette tutelle sont conformes au but de son institution. La personne et les biens du pupille passent sous l'administration du tuteur officieux, qui devra, à la fin de son administration, rendre compte de tous les biens du pupille, art. 365, 370.

Dans le cas où, après avoir satisfait à ses obligations pendant cinq ans, le tuteur prévoyant son décès, serait tourmenté par la crainte de ne pas arriver au terme de la majorité de son pupille, la loi lui permet de conférer, par acte testamentaire, l'adoption et tous ses effets à l'objet de son affection. C'est le caractère particulier qui distingue du mode ordinaire d'adoption celui qui peut résulter de la tutelle officieuse, art. 366.

Le nombre des hommes bienfaisants et généreux est sans doute nombreux, mais on veut être libre dans ses bienfaits et ne pas se lier d'avance par un titre qui peut bientôt après vous exposer à des regrets. Telle est la raison du peu de succès de la tutelle officieuse en France.

Code de Procédure.

LIV. II, TIT. IV.

De la communication au Ministère public.

L'institution du ministère public est d'origine fort ancienne dans le droit français. Sa vaste organisation jeta bientôt sur cette magistrature un vif et brillant éclat, et les talents des Talon, des Molé et des d'Aguesseau remplirent son histoire de grands souvenirs. Les attributions des magistrats du ministère public sont aujourd'hui plus restreintes ; mais, quoique dépouillés de toute influence politique et privés d'une grande partie de leurs prérogatives, ils ont encore à exercer de belles et magnifiques fonctions. Surveiller l'action des tribunaux, pourvoir à l'application des lois et en requérir d'office l'exécution, défendre les intérêts de la société, soutenir les droits du faible et du pauvre, représenter l'absent, faciliter enfin l'accès de la justice aux étrangers, telle est la noble et courageuse mission du ministère public.

Représentée, dès le principe, par des commissaires du roi, cette magistrature l'est maintenant par des procureurs généraux et leurs substituts près les cours de cassation et les cours royales, et par les procureurs du roi et leurs substituts près les tribunaux de première instance. Il n'en existe pas près les justices de paix ni devant les tribunaux de commerce. Nous désirerions voir le législateur combler cette dernière lacune; car, selon nous, un concours sage et éclairé serait fort utile à des juges étrangers pour la plupart à l'étude du droit.

, Les magistrats du ministère public agissent tantôt comme partie principale, tantôt comme partie jointe. En matière criminelle, leur compétence est générale; elle embrasse les crimes et les délits : le ministère public est toujours partie principale. Dans tout procès criminel, il est nécessairement demandeur, c'est lui qui intente et poursuit l'action; la partie civile qui intervient ne figure jamais que secondairement. En matière civile, au contraire, le ministère public ne figure généralement que comme partie jointe; la loi lui attribue, seulement en certains cas, le rôle de partie principale : il figure alors comme directement intéressé. Ces cas sont assez peu nombreux; les art. 114, 184, 199, 200, C. civ., en offrent des exemples. Lorsqu'il n'a point reçu du législateur la mission spéciale d'agir d'office, il n'est jamais que partie jointe, et donne seulement ses conclusions en faveur de l'une des parties.

Examinons successivement, 1.º quelles sont les causes sujettes à communication; 2.º comment cette communication doit avoir lieu; 3.º par qui les magistrats du ministère public peuvent être remplacés.

Des Causes sujettes à communication.

Seront communiquées au ministère public :

1.º Les causes qui concernent l'ordre public, l'état, le domaine, les communes, les établissements publics, les dons et legs au profit des pauvres. — Défenseur de la société, le procureur du roi doit veiller au maintien de la tranquillité, et, tuteur né des personnes morales, il doit intervenir toutes les fois que l'intérêt de ces dernières est en jeu : il doit veiller à la conservation de leurs droits et les défendre. Il doit aussi agir lorsque l'ordre public est menacé. L'on ne saurait déterminer d'une manière précise les causes qui intéressent le repos public. Ce sera, selon nous, lorsque l'affaire sera de nature à entraîner un résultat préjudiciable à la société tout entière; ainsi, les questions de compétence, de séparation de corps, les questions électorales, etc.

2.° Celles qui concernent l'état des personnes et les tutelles. — Représentant et protecteur né de tous les incapables, l'intervention du ministère public, est ici fort essentielle. La loi doit entourer de sa sollicitude celui qui est incapable de gouverner ses biens et sa personne, et de défendre convenablement ses droits. Les affaires qui concernent l'état des personnes, sont principalement les questions de nullité de mariage, de désaveu de paternité, les réclamations d'état, etc. Au nombre des affaires qui regardent les tutelles, nous distinguerons les homologations des délibérations des conseils de famille, les incapacités, exclusions ou destitutions de tuteurs quand ces questions sont portées devant les tribunaux.

3.° Les déclinatoires sur incompétence. — Le déclinatoire est une exception opposée par le défendeur, afin de se soustraire à la juridiction du tribunal, devant lequel il prétend avoir été mal à propos appelé. Ces exceptions sont basées sur deux motifs différents : ou bien le défendeur prétend que le tribunal ne peut pas connaître de l'affaire, comme si, par exemple, en matière administrative, il avait été cité devant les tribunaux civils; ou bien, il prétend qu'il a été appelé devant des juges qui ne sont pas ceux de son domicile, 59 C. proc. De là, deux incompétences, l'une, *ratione materiæ*, qui est d'ordre public; l'autre, *ratione personæ*, qui est d'intérêt privé. Le déclinatoire pour incompétence est, dans les deux cas, sujet à communication.

4.° Les règlements de juges, les récusations et renvois pour parenté et alliance. — La demande en règlement de juges a pour but de déterminer certain conflit de juridiction. Celle en renvoi a lieu en cas de récusation qu'une partie fait, d'un tribunal en masse, à cause des liens de parenté qui unissent quelques membres de ce tribunal avec la partie adverse. Dans toutes ces causes, la dignité de la justice étant en jeu, la question doit être sérieusement discutée, et la nécessité de l'intervention du ministère public se fait dès lors sentir.

5.° Les prises à partie. — Ces demandes intéressent au plus haut point le respect dû à la justice qui doit être égale pour tous. A ce titre, un juge doit être exempt de tout soupçon de partialité ou de haine. La majesté des tribunaux, attaquée dans la personne de ses membres, est une raison assez grave pour que la loi mette l'examen des prétentions des justiciables entre les mains vigilantes d'un protecteur qui n'est autre que le ministère public. Cette voie, il faut le dire à l'honneur de la magistrature, est rarement employée : la magistrature reste incorruptible au milieu de la corruption générale.

6.º Les causes des femmes non autorisées par leurs maris, ou même autorisées, lorsqu'il s'agit de leur dot et qu'elles sont mariées sous le régime dotal ; les causes des mineurs, et généralement toutes celles où l'une des parties est défendue par un curateur. — L'art. 40 de la loi de 1838 exige aussi la communication pour les affaires intéressant les personnes placées dans les établissements d'aliénés, lors même qu'elles ne seraient pas interdites.

7.º Les causes concernant ou intéressant les personnes présumées absentes. — Aux termes de l'art. 114, C. c., le ministère public est spécialement chargé des intérêts des présumés absents. Après la déclaration d'absence, la doctrine enseigne généralement que la communication au ministère public est inutile. Des raisons de morale et la crainte de collusions entre les parties, nous engagent à partager l'opinion contraire et à décider qu'elle est nécessaire et conforme à l'esprit de la loi.

L'art. 83, C. proc., n'est pas limitatif, ainsi que l'indique sa disposition finale : « Le procureur du roi pourra prendre communication de toutes les autres causes dans lesquelles il jugera son ministère nécessaire ; le tribunal pourra même l'ordonner d'office.

Comment doit se faire la communication.

La réponse à cette question se trouve dans l'art. 83 du décret du 30 mars 1808 qui dispose : « Dans toutes les causes où il y aura lieu de communiquer au ministère public, les avoués seront tenus de faire cette communication avant l'audience où la cause devra être appelée, et même, dans les causes contradictoires, de communiquer, trois jours avant celui indiqué pour la plaidoirie. Ces communications se feront au parquet, dans la demi-heure qui précède ou suit l'audience. Si la communication n'a pas été faite dans le temps ci-dessus, elle ne passera point en taxe. »

Le défaut de communication au ministère public, dans le cas où elle est ordonnée par la loi, fournit un moyen d'appel, si le jugement est en premier ressort, et un moyen de requête civile, s'il est en dernier ressort, en faveur seulement de l'incapable qui a subi la condamnation dans l'affaire sujette à communication.

Par qui les magistrats du ministère public peuvent être remplacés.

En cas d'absence ou d'empêchement du procureur du roi ou de leurs substituts, ils seront remplacés par l'un des juges ou suppléants. A leur défaut, nous déciderions que les fonctions du ministère public peuvent être remplies par un avocat pris dans l'ordre d'inscription au tableau.

Code de Commerce.

LIV. I, TIT. III.

Des Sociétés.

Des principes généraux seulement.

Caractères de la Société commerciale. —Le contrat de société est très-utile au commerçant, qui retire le plus souvent de l'association d'inappréciables avantages, et puise dans son principe de grandes ressources et de puissants moyens d'action. La société commerciale a pour objet de donner aux associés plus de consistance aux yeux des tiers, en leur permettant de réunir leurs moyens et leur industrie pour en tirer un profit commun. Pour connaître les règles générales sur les sociétés de commerce, il faut recourir aux dispositions du code civil (Tit. IX, lib. III). C'est ce que l'art. 18 C. de comm. a soin de nous apprendre. Il ne faut cependant pas confondre la société dont nous nous occupons avec la société *civile.* comparons ces deux sociétés :

Dans la société civile, les associés n'ont d'autre but que d'augmenter leur bien-être par les profits qui peuvent résulter de la communication de leur fortune et de leurs gains. Les tiers sont absolument étrangers à ce traité; il ne regarde que les associés.

La société commerciale, au contraire, est un individu moral. Elle a un nom qui, en la personnifiant, la distingue de tous autres individus; c'est ce que nous appelons *raison sociale*, qu'il ne faut pas confondre avec le nom de l'établissement. La différence en est sensible : le *matériel* d'une société peut passer en d'autres mains, tandis que la *raison sociale* se modifie par la mort d'un seul associé. De plus, la société a un domicile principal ou d'élection. Là se trouve le siége de ses opérations et le lieu où doivent lui être signifiées toutes les citations (59 C. proc.).

La société doit avoir un but licite. Le profit que les parties se proposent d'en tirer doit être un profit honnête. Ainsi une association formée pour exercer un commerce prohibé serait nulle; *rerum inhonestarum nullam esse societatem*. Dig. *pro socio*.

Le contrat de société se forme par le seul consentement; c'est pour la preuve seulement que l'écriture est requise.

De l'apport des associés. — La société ne pouvant exister sans apport ou réunion de mises, il faut, pour que ce contrat soit valable, que chaque associé apporte ou s'oblige d'apporter quelque chose d'appréciable. Néanmoins, il n'est pas nécessaire que ce soit de l'argent ou d'autres biens. Le travail et l'industrie sont très-souvent d'un si grand prix qu'ils tiennent lieu d'apport. L'associé peut ne fournir que son simple crédit. L'on entend par ce mot *la valeur commerciale* acquise par l'influence de l'associé. Les apports doivent être effectués au temps convenu, afin que la société puisse en jouir paisiblement.

Lorsque la chose promise *n'est pas un corps certain*, la perte est pour le promettant, si l'objet périt avant l'apport; elle est au contraire pour le compte de la société, lorsque l'associé a livré sa mise.

Supposons maintenant que l'objet livré ou à livrer *soit un corps certain*. Deux cas se présentent : 1.º si la perte de l'objet promis à la société a lieu avant l'apport, elle dissout la société vis-à-vis de tous les associés ; 2.º si, au contraire, la société a été mise en possession de la chose, et qu'elle en ait été évincée, l'associé est alors tenu de droit de garantir la société de l'éviction qu'elle souffre dans la totalité ou partie de cet apport.

Celui qui s'est obligé à fournir son industrie, doit compte à la société de tous les gains qu'il a faits.

Des profits et pertes. — Le contrat de société a pour but final la réalisation de profits de la part de ceux qui s'associent. Si les associés ont fixé la part que chacun d'eux doit avoir dans les bénéfices, il faut respecter leurs conventions, bien que les pertes soient inégales. Il n'en serait pas de même de la convention qui donnerait tout le profit à l'un des associés (société léonine), elle serait nulle. Même décision, relativement à la stipulation qui affranchirait de toute contribution aux pertes, les sommes ou effets mis dans le fonds social par un ou plusieurs des associés ; une clause semblable serait justement réprouvée.

Si l'acte d'association garde le silence sur la participation aux gains et pertes, chaque associé aura une part égale à sa mise. Si parmi eux, l'un n'a apporté que son industrie, et n'a pas fait déterminer sa part, elle égalera celle de celui qui aura apporté la mise la plus faible ; la loi ne doit point protéger son insouciance.

Le règlement des parts peut être laissé, par le consentement unanime des associés, à l'arbitrage d'un tiers ou de l'un d'eux. Le règlement fait par la personne désignée, sera exécuté, à moins qu'il ne soit évidemment contraire à l'équité ; dans ce cas même, la partie ne serait pas recevable à réclamer, s'il s'était écoulé plus de trois mois depuis qu'elle aurait eu connaissance du règlement, ou si ce règlement avait reçu de sa part un commencement d'exécution.

Devoirs des associés entre eux. — L'esprit de fraternité, la bienveillance et la bonne foi qui doivent régner parmi les membres d'une société, ne permettent pas qu'un des associés s'occupe moins de l'*intérêt social* que de son propre avantage. L'intérêt social doit prévaloir, ou du moins marcher à l'égal de celui des associés. Conséquences à induire de ce principe.

Les associés doivent apporter aux affaires de la société le même soin, la même vigilance qu'ils apportent à leurs propres intérêts. Ils répondent de tous les dommages qu'éprouve la société par leur fait. D'autre part, si un associé a contracté de bonne foi des obligations pour les affaires de la société, s'il a fait pour elle des dépenses nécessaires, utiles et raisonnables, il en sera indemnisé sur le fonds commun.

L'associé de l'associé ne fait pas partie de la société, *socius socii non est socius.*

Administration de la société. — Les bases de l'administration peuvent avoir été réglées entre les parties. L'associé chargé des intérêts de la société doit alors agir dans le cercle de ses pouvoirs, et user de la latitude qui lui est laissée. Son pouvoir est irrévocable, tant qu'une cause légitime ne s'oppose pas à l'exécution du pacte; mais si ce mandat n'a été conféré que par un acte postérieur au contrat de société, il peut être révoqué.. Au premier cas, la société a été formée sous la condition que l'associé désigné administrerait; au second cas, l'acte qui confère la faculté d'administrer n'est qu'un simple mandat.

Si l'administration est confiée à plusieurs associés, sans que leurs fonctions soient déterminées, ou sans qu'il ait été stipulé que l'un ne pourrait rien faire sans l'autre, les actes d'administration faits par chacun d'eux séparément, sont valables; mais comme l'acte de délibération doit toujours précéder l'entreprise, voici quels sont les principes: lorsque l'administration se réfère aux objets, celui qui veut innover, doit céder à celui qui demande le *statu quo;* celui qui veut conserver, l'emporte sur celui qui veut laisser perdre; enfin, s'il s'agit d'opérations, celui qui veut agir, sur celui qui veut rester dans l'inaction.

Pouvoirs de l'administrateur. — En principe, l'administrateur peut acheter, vendre, faire des effets de commerce. Il ne peut jamais vendre, sans avoir consulté ses coassociés, les immeubles, ni même les meubles meublants de la société.

Chaque associé peut faire, à ses frais, les actes conservatoires que la société refuse de faire.

L'art. 51, C. com., impose aux associés l'obligation de faire juger leurs différends par des arbitres. Le législateur a voulu que les arbitres connussent toujours des différends entre associés, et n'a pas voulu en occuper les juges ordinaires, parce qu'ils sont revêtus d'un caractère moins conciliant. Nous ne pensons pas que le législateur ait atteint le but qu'il s'était proposé.

Fin de la société. — La société finit de plusieurs manières:

1.º Lorsqu'elle a été contractée pour un certain temps limité, elle finit, de plein droit, par l'expiration de ce temps. Les parties peuvent bien convenir de la proroger au delà de ce temps ; mais il faut , pour cela , un acte revêtu des mêmes formes que l'acte de société.

2.º La société finit aussi par l'extinction de la chose ou la consommation de la négociation.

3.º La mort , qui met un terme à toutes les choses humaines , opère aussi la dissolution de la société.

4.º L'interdiction qui place l'associé sous la puissance d'autrui et le prive de toute administration de ses biens ; la déconfiture qui l'oblige à abandonner ses biens aux créanciers , doivent nécessairement entraîner la dissolution de la société.

La mort civile produisant les mêmes effets de la mort naturelle, si l'un des associés en est frappé , la société doit cesser.

Enfin , les associés peuvent, d'un consentement mutuel, dissoudre la société.

Après la dissolution de la société , on fait la liquidation , et l'on procède ensuite au partage entre associés.

Droit Administratif.

Développer les attributions du pouvoir exécutif pur en ce qui concerne les instructions et correspondances officielles , et les règlements généraux d'ordre , de police ou de sûreté publique.

Le pouvoir social se divise en trois branches : pouvoir législatif, pouvoir exécutif, pouvoir judiciaire. Chacun de ces pouvoirs est entièrement indépendant des deux autres , chacun d'eux est souverain dans la sphère de ses attributions.

Le pouvoir exécutif se manifeste à nous sous une double physionomie ; il gouverne ou il administre. Dans le premier cas , nous l'appellerons pouvoir exécutif pur ; et dans le second , administration active.

L'administration active protége les intérêts généraux de la société en surveillant l'action de chaque citoyen ; elle s'applique nécessairement à des cas spéciaux. Dans tous ses développements, elle est en contact avec des personnes privées dont elle froisse les intérêts ou dont elle blesse les droits. Lorsque l'administration agit pour s'éclairer, et sacrifie *l'intérêt* particulier à l'intérêt général, sans toucher à un *droit*, elle prend le nom d'administration active au premier chef, ou pouvoir gracieux ; si au contraire elle décide et sacrifie *un droit* privé pour harmoniser l'intérêt général avec le droit de chacun, on la désigne sous celui d'administration active au second chef, ou pouvoir contentieux.

Le pouvoir exécutif pur constitue l'action gouvernementale ; ses actes embrassent une certaine généralité dans leur objet, et leur caractère essentiel est l'absence de spécialité. L'action du pouvoir exécutif doit être une, libre et énergique. Il veille à la sécurité et à la salubrité publique ; il examine tous les décrets, bulles, lettres et rescrits du Pape, avant d'en autoriser la publication ; il apprécie les traités, conventions diplomatiques et les capitulations militaires ; il pourvoit à l'exécution des lois en prescrivant les moyens de les appliquer, et veille à ce que tous les actes étrangers qui sont exécutés en France soient conformes aux lois qui nous régissent. Il se manifeste par les instructions et circulaires que les ministres adressent aux fonctionnaires relativement aux faits de leur administration ; par la nomination aux emplois publics et par les destitutions des fonctionnaires amovibles ; enfin, par les actes de discipline qui frappent ces mêmes fonctionnaires.

Ce pouvoir émane tantôt du Roi, que la Charte (art. 13) a établi chef suprême de la puissance exécutive ; tantôt il émane des ministres, des préfets, des maires, qui, dans certaines limites, ont la faculté de prendre des arrêtés que les citoyens sont tenus d'observer.

Nous n'avons, parmi les nombreuses attributions du pouvoir exécutif pur, qu'à nous occuper de celles qui concernent les instructions et correspondances officielles et les règlements généraux d'ordre, de police ou de sûreté publique.

Le pouvoir exécutif pur est souvent obligé d'éclairer les agents placés sous ses ordres, par des lettres, circulaires et instructions, afin de leur rendre leur tâche plus facile, de s'assurer un concours plus efficace, et de faciliter les rapports des agents inférieurs de l'administration avec les particuliers. L'importance des correspondances officielles est incontestable, et leur utilité fort grande, car elles ont pour résultat d'introduire des améliorations morales et matérielles dans la direction des affaires publiques. Le pouvoir exécutif pur a toute autorité pour guider ses agents au moyen de circulaires; nul citoyen n'a le droit ni d'en critiquer les dispositions, ni d'en désapprouver la publication. Nous pourrions citer comme exemple, les instructions adressées par le ministre de la justice aux procureurs généraux, les instructions du ministre de l'intérieur à tous les préfets.

Nous l'avons déjà dit : les actes du pouvoir exécutif pur se distinguent par leur caractère de généralité ; nous reconnaîtrons donc comme émanant de lui toutes les circulaires dans lesquelles nous retrouverons ces caractères. Mais tout en reconnaissant un pouvoir fort étendu à l'agent supérieur, nous adoptons l'opinion de notre savant professeur M. Chauveau, qui fait observer que les instructions ministérielles, seraient-elles rendues sous forme de décision, ne font pas obstacle à ce que les parties se présentent devant qui de droit pour y faire prévaloir leurs prétentions; ces décisions ne peuvent en effet produire la chose jugée. Ces instructions n'obligent les fonctionnaires que dans la sphère de leurs fonctions, et ne font pas loi pour les citoyens ; aussi accorderions-nous la réclamation ou le recours à tout individu qui se plaint d'un acte d'exécution de la circulaire.

Veiller au maintien de l'ordre public, prendre des mesures de police et de sûreté publique, et rendre des ordonnances pour la facile et prompte exécution de ces mesures, est un des premiers attributs du pouvoir exécutif pur. Son action est alors essentielle et sa vigilance doit être fort active, afin de ne pas compromettre par une coupable indifférence la prospérité du pays, et pour maintenir la bonne harmonie dans l'État. Le pouvoir exécutif ne rend que des règlements généraux d'ordre et de police ; les règlements spéciaux appartiennent à l'administration active au premier chef. Ces règlements ne peuvent prononcer aucune peine, mais les dispositions qu'ils renferment sont obligatoires pour les citoyens.

Quid si ces règlements étaient illégaux ?

Les lois rendues par le corps législatif seraient souvent inefficaces par

elles-mêmes et d'une application difficile. Les détails d'exécution, les précautions provisoires ou accidentelles, les mesures urgentes, exigent une
surveillance continuelle de la part de l'autorité exécutive. Le législateur
autorise alors le pouvoir exécutif à faire des règlements d'administration
publique. Quelquefois même, dans des circonstances extraordinaires, il
l'investit du droit de déroger par des ordonnances aux dispositions des
lois existantes. La délégation doit toujours être expresse et formelle. Lais-
sons Portalis l'ancien, nous faire connaître les différences des lois des simples règlements : « Les lois proprement dites diffèrent des simples règlements. C'est aux lois à poser, dans chaque matière, les règles fondamen-
tales et à déterminer les formes essentielles. Les détails d'exécution, les
précautions provisoires ou accidentelles, les objets instantanés ou varia-
bles; en un mot, toutes les choses qui sollicitent bien plus la surveillance
de l'autorité qui administre, que l'intervention de la puissance législative
qui institue ou qui crée, sont du ressort des règlements. Les règlements
sont *des actes de magistrature*, et les lois *des actes de souveraineté.* »

Les règlements d'administration publique sont les actes les plus importants du pouvoir exécutif. Ils ne statuent que dans des vues de prévoyance et d'avenir, et doivent s'appliquer aux temps, aux lieux, aux
circonstances, et être mobiles comme elles.

Certains règlements intéressent la généralité des citoyens, d'autres ne
disposent que pour une localité, une spécialité. Au Roi seul appartient le
droit de faire des règlements d'administration publique; mais comme
le chef de l'état ne peut pourvoir à tout, ni prendre des mesures qui
nécessitent souvent beaucoup de célérité, il laisse à ses agents le soin de
rendre de simples ordonnances, et de faire des règlements particuliers.

La délégation législative peut être exercée par un ministre, par les
préfets et par les maires. Le ministre fait des règlements généraux, les
préfets rendent des arrêtés qui concernent le département, et les maires
des arrêtés de police municipale.

Le préfet a-t-il le droit de procéder au lieu et place du maire qui
refuse de rendre un arrêté sur un objet de police municipale ?

Il n'est ni réclamation, ni recours contre les actes du pouvoir exécutif. Il peut prendre, toutes les fois qu'il le juge utile, des mesures

de conservation et de prévoyance. Toutefois, la voie gracieuse ou le recours contentieux appartiendront aux parties lorsqu'il lésera un intérêt privé ou froissera un droit, sans délégation spéciale du pouvoir législatif.

Cette Thèse sera soutenue, en séance publique, devant la Faculté de Toulouse.

Vu par le Président de la Thèse,

DUFOUR.

TOULOUSE, IMPRIMERIE DE J.-M. DOULADOURE.

www.ingramcontent.com/pod-product-compliance
Lightning Source LLC
Chambersburg PA
CBHW032256210326
41520CB00048B/4233